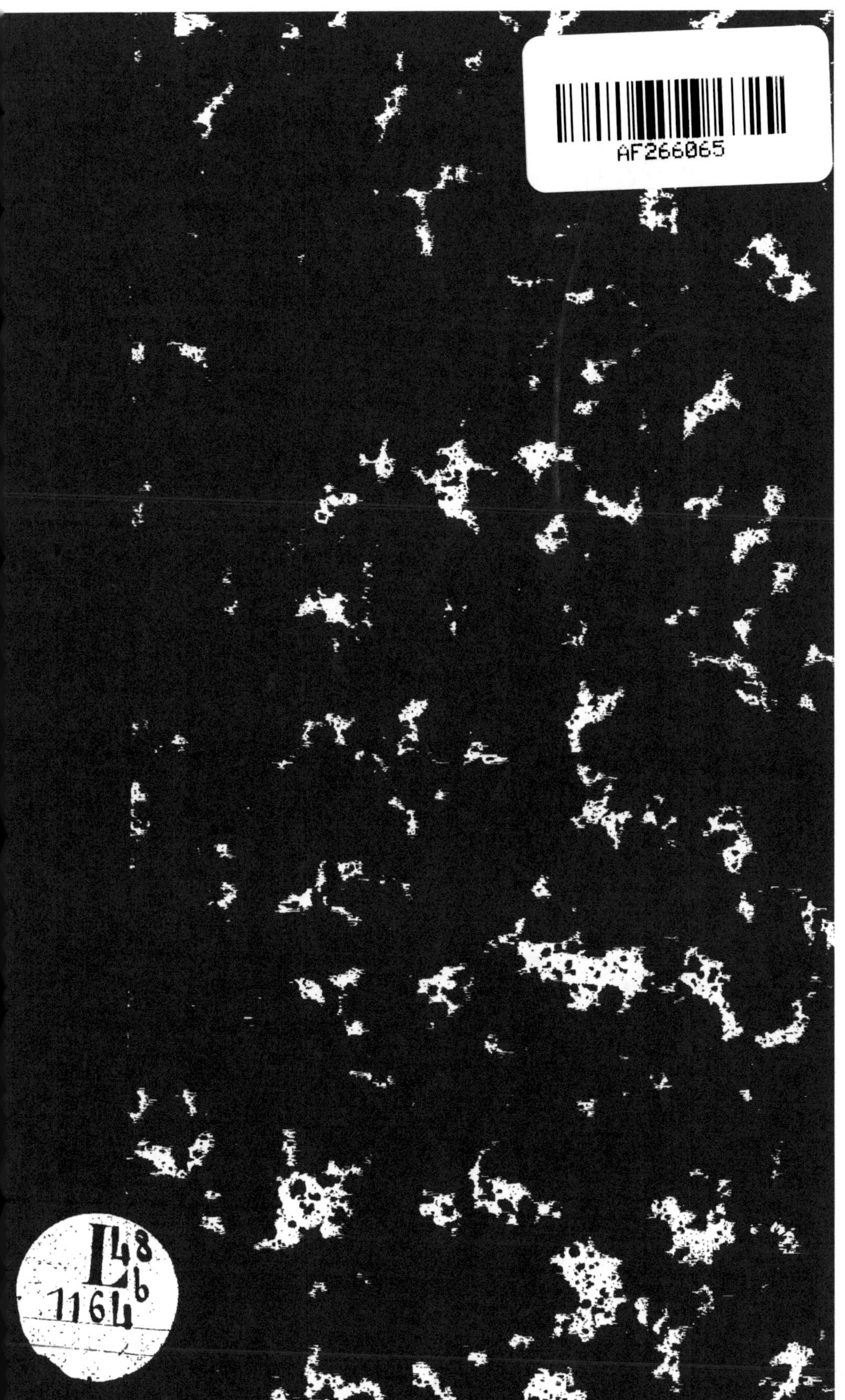

OBSERVATIONS

SUR LES DERNIÈRES

ÉLECTIONS,

ET SUR LA SITUATION PRÉSENTE

DU MINISTÈRE,

PAR M. LE Mis. DE VILLENEUVE,

ANCIEN PRÉFET DES DÉPARTEMENS DE TARN-ET-GARONNE,
DES HAUTES-PYRÉNÉES ET DU CHER.

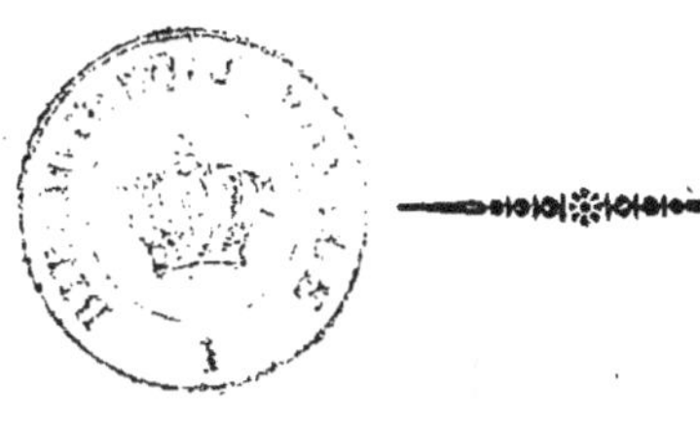

A PARIS,

AU BUREAU DU CONSERVATEUR,

RUE DE SEINE, N° 8, ET QUAI CONTI, N° 5,
ENTRE LA MONNAIE ET LE PONT-NEUF.

1818.

J'avois reçu de M. Le Normant, Editeur du *Conservateur*, une lettre où il me demandoit de coopérer à un ouvrage entrepris au nom de la vérité, du Roi et de la monarchie. Dans les conjonctures difficiles où nous semblons encore nous précipiter, tout homme d'honneur et de sens doit répondre à un appel fait sous de tels auspices, et je me suis hâté d'adresser à l'Editeur, des Observations sur le résultat des Elections; mais M. de Chateaubriand doit traiter ce sujet dans la Livraison prochaine, et le public perdroit trop à voir un nom peu connu dans la littérature substitué à celui qui en est l'ornement. J'aurois donc supprimé cet article, si l'Editeur ne m'eût exprimé le désir d'en faire concourir l'impression avec la Livraison qui va paroître. En déférant à sa demande, je paie

tribut à ce malheureux pays qui, livré
encore aux flots des passions et des
théories, paroît derechef fuir les voies
de la paix : tribut de franchise et de
vérité, pénible à payer s'il offensoit
des hommes, mais nécessaire à ac-
quitter sans hésitation, lorsqu'en des
jours d'imprévoyance l'Etat et le
Prince compromis réclament tous
leurs défenseurs.

OBSERVATIONS

SUR LES DERNIÈRES

ÉLECTIONS.

Le tableau des élections est maintenant connu; il fait naître de sérieuses, et peut-être d'utiles réflexions.

Si le premier usage d'un instrument qui agit au rebours, qui démolit au lieu de bâtir, fait reconnoître aux architectes leur méprise, les contre-sens électoraux ne seront pas fort regrettables, et la réparation vaudra mieux que le dommage.

Je m'arrête à deux faits dont le rapprochement forme un de ces contre-sens les plus palpables, et présente un point de vue fixe à des considérations générales.

Lorsqu'un nom s'arbore comme un étendard et qu'on traite les sujets auxquels ce drapeau mène ou dont il s'éloigne, il est impossible de ne pas nommer ceux en qui les circonstances ont inscrit pour ainsi dire ce titre de célébrité. Mais à Dieu ne plaise que la désignation emporte rien d'offensant pour la personne! Le fait existe ; le nom signifie tel souvenir notoire, tel acte public et convenu de tout le monde ; c'est cela seul qu'il s'agit de considérer.

M. Manuel est nommé député à la session prochaine.

Il est nommé par le département de la Vendée.

M. Manuel est l'un des hommes qui, dans les cent-jours, membre de la *chambre des représentans*, a manifesté avec le plus de constance et d'ardeur son opposition au retour du Roi et de son auguste famille. Aucun acte public n'annonce un changement dans ses principes politiques depuis la deuxième restauration, et il y a peu de mois que le barreau de Paris lui a refusé l'admission dans ses rangs, sur le seul motif, dit-on, des sentimens dont la profession lui est imputée.

D'autre part, proférer le nom de la Vendée, c'est tout dire quand il s'agit d'exprimer le dévouement à la maison de Bourbon. Nul pays ne dispute à cette héroïque contrée la palme d'une fidélité que n'ont pu flétrir ni la république, ni l'empire, ni la catastrophe des cent-jours.

On ne contestera point les deux prémisses de ces observations ; elles sont évidentes.

Maintenant je demande comment se fait-il que le département le plus royaliste ait nommé pour son député l'homme qui passe pour le moins royaliste?

Et j'ajoute que le député de la Vendée est Provençal; qu'il n'a ni parens, ni intérêts, ni propriétés dans la Vendée; qu'il y étoit totalement inconnu avant d'en être proclamé le représentant; et cependant il a été nommé d'emblée, au premier tour de scrutin, à la majorité des deux tiers du collége électoral.

Quelle est donc la solution de ce problème?

Je n'en saurois entrevoir que trois : ou M. Manuel est devenu un ardent royaliste, ou la Vendée cesse de l'être et penche vers le républicanisme, ou la loi des élections produit précisément un effet contraire à son but.

M. Manuel s'est-il réveillé subitement un jour l'un des fermes appuis du trône et de la légitimité? Est-ce auprès de M. de Larochejaquelein qu'on le verroit voler si une crise nouvelle menaçoit, dans le département dont il va être le représentant, cette légitimité, ce trône, ces augustes Bourbons qu'il a eu le malheur de combattre de tous ses moyens avec une obstination fatale? De bonne foi, je n'imagine pas que lui-même aît la pensée de faire croire à cette illumination soudaine; et quand une si heureuse conversion se seroit opérée dans un homme doué de talens oratoires qui méritent de servir et serviront peut-être un jour la meilleure des causes, encore, pour en convaincre la fidèle Vendée, auroit-il fallu un autre témoignage, d'autres actes que le singulier privilège d'avoir été éloigné du barreau de Paris précisément pour professer encore, disoit-on, des sentimens opposés.

Est-ce au contraire la Vendée qui, dégoûtée d'une cause en faveur de laquelle trente ans de suite elle s'est immolée elle-même en sanglant sacrifice, la Vendée blanchie des ossemens de deux générations de ses guerriers égorgés autour de l'image de la royauté, la Vendée fumante encore ou hérissée des ruines dont la république ou l'usurpation ont marqué leur passage horrible à travers ses paisibles et religieux bocages; est-ce cette Vendée qui, saisie inopinément d'un enthousiasme nouveau, a embrassé les intérêts de l'usurpation ou le parti de la république ?

Je ne doute pas qu'il y ait dans des salons de Paris, et plus encore dans des cours étrangères, des esprits faux assez intrépides pour prendre au sérieux cette autre branche du problème : « Certainement, diront-ils, c'est cela même; » le siècle marche ; la Vendée cède au progrès » général; le phénix de la révolution renaît » partout; et vous comprenez, vous voyez

» bien : les royalistes ne sont presque plus rien
» en France, et le trône du Monarque paroît
» de jour en jour plus fermement établi sur ce
» merveilleux système de son ministère, se
» donner au plus fort, et, pour qu'il y ait un plus
» fort, flatter ses ennemis, abattre ses amis. »

Il n'est rien d'absurde qui ne puisse entrer
dans une tête humaine, et certainement cette
prosopopée trouvera sa place quelque part.

Le fait est que les services de la Vendée ont
été, trop tôt peut-être, oubliés ou méconnus;
que cette glorieuse contrée a été fatiguée, dé-
concertée, harcelée en sens contraire; qu'on
n'a cessé d'y renouveler les préfets, les géné-
raux, la gendarmerie, au gré des passions do-
minantes fort opposées à celles dont s'animoient
ses héros Larochejaquelein, Bonchamp, Les-
cure; mais que là, plus qu'ailleurs, l'énergie
du devoir respire au sein d'une admirable sim-
plicité, comme aux beaux jours de Rome et
de Sparte, l'affection sincère à son pays étoit
l'essence et la vie des habitans de ces Etats.
Noble Vendée! foyer du vrai patriotisme! elle
a brillé dans ces temps cruels, comme le lis
éclate entre des fleurs décolorées. Son nom
inconnu est devenu illustre entre tous ces noms
de fleuves ignorés, dont la révolution a obscurci
nos provinces. Sans songer à la gloire, elle s'est

élancée hors de l'avilissement général; elle s'est maintenue, par des efforts de constance, à la hauteur dont la fidélité lui traçoit la ligne; elle n'a montré ni prétentions ni foiblesse. Modeste et grave dans ses succès, indéfectible sous le poids des plus terribles revers, elle n'a pas été divisée dans ses sentimens, même après la funeste division de ses chefs; et, aujourd'hui, soumise à la plus difficile comme à la plus invraisemblable des épreuves, elle ne voit devant elle que le drapeau blanc, l'autel et le trône. Elle tend droit à ce triple but toujours un à ses yeux, comme il est essentiellement un pour tout Français en qui la réflexion peut redresser les divagations du moment : heureuse, d'ailleurs, d'abandonner aux vanités des beaux esprits le soin de démêler ce dégoûtant spectacle dont nos yeux sont frappés, cette confusion du juste et de l'injuste et du faux et du vrai, cette opposition entre les torts honorés, et les droits réprouvés, cette action et réaction en sens inverse, ce contraste inouï du pouvoir humain avec la puissance divine essentiellement *rémunératrice et vengeresse;* par suite, cette force éphémère qui se compose de négations, et cet *esprit de vertige et d'erreur* qui, à travers les aberrations les plus bizarres, nous précipite vers de nouveaux abîmes.

Conclure ce développement par l'assertion que la Vendée n'est pas républicaine, c'est rapprocher deux mots fort surpris d'être ensemble; c'est une singularité qui, seule, pourroit être l'expression du temps où nous sommes; mais assurément c'est une vérité.

Si donc, aux yeux de l'opinion qui peut être injuste, mais qui règle les suffrages, M. Manuel n'est guère plus royaliste qu'en mai 1815; si la Vendée n'est guère aussi plus encline à méconnoître la royauté légitime qu'à la même époque, M. Manuel, nommé député de la Vendée, n'est au fait, rien au monde moins que le représentant de la Vendée.

Il l'est toutefois d'après la loi des élections, et il l'est même d'une manière brillante, puisqu'étranger au pays, il a obtenu de prime abord les deux tiers des voix de ces nouveaux électeurs institués pour soutenir le trône par une loi féconde en prodiges.

Il l'est de fait, il ne l'est pas de droit : l'orateur de la Chambre des cent-jours et la Vendée! ce sont, par l'évidence des contrastes, les ténèbres et la lumière; et charger l'un de représenter l'autre, est le tour de force de la loi des élections. Ce résultat seroit plaisant dans le dénoûment d'une comédie.

Au moment où ces lignes s'écrivent, on annonce la nomination de M. Manuel en Bretagne, et celle de M. de la Fayette dans la Sarthe. M. Manuel représentant à la fois les Bretons et les Vendéens! M. de la Fayette député des chouans! Ces deux contrastes n'affadiroient pas le sel de la plaisanterie.

On peut y ajouter la représentation de Paris, par M. Benjamin Constant. Car si ce publiciste n'a échoué que de quarante-un suffrages sur huit mille, malgré les coups redoublés de toute l'artillerie ministérielle, et sans doute aussi malgré quelques fraudes officieuses dont il est difficile de ne pas supposer l'heureux essai, il est évident qu'au fond et de droit, M. Benjamin Constant devoit être le député naturel des Parisiens, et représenter cette immense population, ces immenses propriétés, ce volumineux Paris qui, en dépit de la nature, s'est fait la France.

On peut juger s'il y a proportion entre l'effet et la cause, et quelle est l'harmonie de ces savantes combinaisons.

Nous vivons, comme on dit, « sous un gouvernement représentatif. »

Un gouvernement représentatif ne peut aller sans députés, les députés sans électeurs, les électeurs sans loi d'élections. Cette loi doit donc disposer les élémens qu'elle met en action, de

manière à produire des députés qui, membres
et fractions du *gouvernement représentatif*, représentent en effet le pays d'où ils émanent, et
composent, avec leurs collègues, une représentation sincère et générale du royaume. Plus la
loi s'approche de ce but unique, auquel elle
doit tendre, meilleure elle est : plus elle s'en
éloigne, pire elle est. Or, quand elle arrive à
un but diamétralement opposé, quand elle met
au jour des députés qui représentent précisément le contraire du pays dont ils sont les représentans nominaux, elle est de fait, et pour
parler sans fard, parfaitement détestable.

En faut-il davantage pour asseoir son opinion sur cette loi, à quiconque n'a pas les yeux
fascinés par ce luxe aujourd'hui si commun
de sophismes passionnés, qui en réduit le clin-
quant à sa valeur, et qui, à travers tout le cli-
quetis des paroles, a le courage de s'attacher à
des faits simples, décisifs, clairs jusqu'à être
sensibles au doigt et à l'œil ?

En prenant pour texte de ces observations la
Vendée et son premier député, j'ai choisi les
deux extrêmes comme points plus visibles. Il
m'eût été facile d'ajouter d'autres exemples à
ceux que j'indique : toutes les bouches les nom-
ment ; ils attirent tous les regards ; et, par un
second tour de force dont l'éventualité, quoi-

que prématurée encore, peut bien être admise
après tant d'autres phénomènes, la loi des élections pourroit, à son début dans la monarchie,
présenter au choix du Roi pour les cinq candidats
à la présidence de la Chambre les noms fameux
de cinq personnages que la Chambre des cent-
jours eût aussi proposés au choix de l'usurpateur.

Je ne connois personnellement aucun de ces
nouveaux députés, et, je le répète, il va sans
dire qu'il ne sauroit entrer dans ma pensée de
porter aucun préjudice à leur caractère, à leurs
talens, à leurs qualités privées. Ce sont unique-
ment leurs actes publics qui frappent mon esprit; c'est comme *hommes monarchiques* que
je les considère; et sans doute ils ne s'attendent
pas eux-mêmes à voir induire de leurs antécé-
dens politiques la preuve qu'ils sont animés
d'un dévouement sûr, incontestable, invincible
à la monarchie héréditaire dans la maison de
Bourbon. Or c'est précisément dans l'intérêt de
cette monarchie, seule légitime, seul égide que
puisse opposer notre pays au malheur qui s'at-
tache à lui, c'est elle en première ligne qu'a
dû protéger une loi d'élections proposée au nom
de l'auguste chef des Bourbons.

J'irai plus loin : le livre de l'avenir est
ouvert devant nous, et malheur à qui ne sait

pas lire dans ces gros caractères ! Les mêmes causes produiront des effets semblables : l'année prochaine, le parti qui salue de loin les révolutions futures, se fortifiera d'élémens analogues et plus prononcés encore ; il deviendra plus nombreux : sa vigueur croîtra avec le nombre : si le président de la Chambre n'est pas choisi cette année dans son sein, il le sera sans faute alors.

De la présidence au ministère il n'y a qu'un pas. Le ministère envahi par un parti numériquement foible, mais fort par l'union, l'audace et l'intelligence ; le ministère dont le président et les membres étonneroient beaucoup si j'écrivois les noms qui se présentent à ma pensée, arrivant au pouvoir comme y parvinrent Danton, Roland, Clavières sous Louis XVI, en vérité, n'offrira-t-il pas à la royauté légitime un lit de repos où elle pourroit s'endormir dans une sécurité profonde ? Toutefois, il se pourroit que le réveil fût pénible : il se pourroit que 1820 donnât au monde plus affligé qu'étonné une copie trop fidèle de 1792 ou de 1688. Hélas! le château des Tuileries touche à la place Louis XV : l'intervalle n'est qu'un jardin, lieu d'enchantement qu'on traverse en un quart d'heure à travers les jeux de l'enfance, les pompes du monde et les promenades solitaires de l'homme mûr, tristement pensif entre cette place et ce palais.

Je me borne à présenter les résultats actuels ou prochains de la loi des elections. Je me tais sur les ressorts que cette loi met en œuvre. Quelles passions! quelle corruption! quel abus du mensonge! Au lieu d'union et de paix, quelle fièvre dévorante! Dans la plupart des lieux d'assemblée quel hideux aspect! Nous n'en voyons encore que les orgies : l'année prochaine viendront les violences ignobles, les éclats, les grossiers outrages; et, dans deux ans, s'il y a lieu, les violences meurtrières, les coups de sabre, les coups de poignard.

Quelle misère aussi, et quelles pauvres arguties dans la solution des difficultés! un élu du Mans refuse, et l'on envoie consulter le ministère sur l'effet de ce refus! et le ministère décide que le refus nécessite un acte législatif et une convocation nouvelle! Mais un collége électoral est précisément rassemblé pour envoyer des députés. Cette mission, contrat libre et mutuel, suppose droit dans l'électeur et consentement dans l'élu. Les deux conditions sont indivisibles. A défaut de l'une, le scrutin est nul. L'objet, pour lequel le collége subsiste actuellement, n'est pas atteint: et comme le temps de sa durée n'est pas épuisé, comme il est là pour accomplir son ouvrage, il recommence une opération annulée par une erreur. Rien de si naturel que cette marche : le doute en sens contraire ne se devine pas. Et quand il pourroit s'élever dans quelques esprits ombrageux, l'élection devroit s'opérer; la Chambre ensuite décideroit pour ou contre. En cas d'affirmative, des milliers d'électeurs seroient dispensés de passer leur temps à aller et venir pour un collége électoral : d'autres occupations que celle-là existent dans le monde. Il y a trois ans, si ma mémoire est fidèle, qu'à Bordeaux M. Ravez eut l'honneur d'être nommé, et prit le parti de refuser. A l'imagination de quel électeur vint-il que le collége de la Gironde devoit se dissoudre d'abord, se reformer ensuite pour compléter sa députation? Les idées du bon sens coulent de source. Mais on craint que la Sarthe, en possession déjà de M. de La Fayette, ne mette au monde, pour son quatrième député M. Benjamin Constant : on craint de voir refaire au Mans ce qu'on a défait à Paris, si laborieusement et tout juste : et, dans cette perplexité, l'on se résout à prendre un parti que l'évidence repousse, afin d'esquiver ses destinées. Une fois arrivé à cette mesquinerie d'expédiens, à cette exiguité de ressources, où en est-on ?

Mais qui donc a créé cette loi dont les premiers développemens confondent la réflexion ? Le ministère n'a pas l'intention de nier qu'il en est l'auteur.

En a-t-il prévu les conséquences ? Les a-t-il voulues ?

Je répondrai à la première question : il a dû les prévoir. De toutes parts les flambeaux ont lui sous ses pas, à mesure qu'il marchoit nous entraînant sur les premiers degrés du précipice. La loi dans les deux Chambres a été l'objet d'une longue investigation ; elle a été percée à jour ; elle n'a prévalu qu'à une majorité si foible qu'elle en étoit en quelque sorte honteuse : et par quels moyens hauts et puissans cette majorité fut - elle arrachée de l'urne législative ? Il fallut presqu'autant d'efforts pour créer ce germe de destruction qu'il en faut maintenant pour en faire avorter la croissance. Enfin , le public n'ignore pas, et le ministère l'a su mieux encore, quelle démarche décisive le devoir impérieux de leur naissance inspira aux princes assis sur les marches du trône : leur protestation contre cette loi funeste est un fait à leur gloire que les ministres n'ont point dissimulé. C'est au Roi lui-même, c'est à l'auguste chef de leur maison et de l'Etat, que ces éminens personnages, premiers de la nation, placés en première ligne dans ses dangers comme dans ses triomphes, ont présenté la trop juste expression de leurs alarmes; et ce dernier acte où nos princes aient offert au Roi le tribut de leurs lumières, prouve assez que, s'ils ont été prévoyans, les ministres du Roi ont dû l'être aussi.

Mais si le ministère a prévu les conséquences de la loi qu'il emportoit d'assaut, a-t-il voulu ces conséquences désastreuses ?

Un médecin fut appelé auprès d'un malade : il prévit qu'un remède pouvoit lui donner la mort : il ordonna ce remède. Voulut-il la mort de son malade ?

Sans doute tuer un homme ou l'exposer à périr, presentent deux degrés différens aux yeux de la justice humaine. Sans doute la journée du 5 octobre 1789 est autre que celle du 5 septembre 1816, et par suite que celle où fut résolue au conseil la loi des élections. Il y a des gradations dans les fautes et dans les crimes politiques : il y en a dans la gravité du poids qu'ils imposent aux consciences. Mais où l'imprévoyance ne peut être supposée, où elle ne

pourroit même offrir une triste excuse , la vo-
lonté ne sauroit être absolue.

A l'époque où la loi des élections émana du
couseil, de grandes passions étoient irritées.
Dirai-je tout? Je dois au moins laisser tout
entrevoir. De misérables foiblesses, qui som-
meillent dans tous les cœurs, avoient tressailli
sous les regards d'un public à qui rien n'échappe.
Pour satisfaire ces foiblesses et ces passions,
on se proposa, non explicitement de boule-
verser le royaume, mais d'obtenir, par une loi
bien vernissée de raisonnemens et de phrases,
la certitude qu'une Chambre, semblable à celle
de 1815, ne pourroit plus reparoître, éblouir
les yeux et déconcerter les prétentions.

En conséquence, il fallut éloigner des élections le peuple dont le bon sens ne se prêtoit
qu'avec nonchalance à l'insipide rabâchage
du rétablissement des droits féodaux.

Il fallut écarter la noblesse , « sous prétexte,
» disoit fictivement M. Lainé, qu'elle étoit déjà
» représentée par la Chambre des Pairs. »
Enfin, il fallut transporter le ressort des
élections dans la classe mitoyenne où l'on se
flatta de trouver plus de complaisance, plus
d'intérêts démocratiques, plus de cette vanité
commune et crédule, qui, ne sachant ce qu'elle
veut, va où on la mène : semblable à la fumée

légère qui circule dans une pompe à feu, n'est rien, et plus elle se vaporise, plus elle soulève et fait mouvoir des poids énormes.

Le peuple en effet, c'est-à-dire la classe innombrable des laboureurs, des artisans, des petits négocians s'inquiète peu encore au bruit lointain du tonnerre qui gronde. Pressentir que le tourbillon l'entraînera comme les classes supérieures et bouleversera jusqu'au fond de l'abîme ses rapports journaliers, ses travaux, sa famille, les ressources que la société, dans son état de paix, lui ménage, c'est pour lui l'effort d'une trop longue prévoyance. Il ignore que si, dans l'ordre de la nature, la foudre plus souvent brise la cime des chênes que les humbles arbrisseaux, dans l'ordre politique la véridique histoire nous montre le *quidquid delirant reges, plectuntur Achivi ;* et occupé chaque jour d'utiles et pénibles labeurs, ne demandant au ciel que du pain et la paix, il oublie sa propre expérience, ses longues souffrances, son *maximum*, ses conscriptions en masse, ses chaumières dévastées comme les châteaux (1), ses hôpitaux vendus et ces vastes

______

(1) Un des moyens autorisés contre les parens des conscrits réfractaires, étoit la démolition du toit de leurs maisons.

prisons qui furent communes à toutes les conditions, comme à tous les sexes, comme à
tous les âges.

Pour la noblesse si long-temps mise *hors la
loi*, elle est jetée de fait hors de l'ordre social.
Je touche ici une corde sensible où personne
n'ose appuyer la main; mais mon sujet m'y
porte, et la franchise et la vérité m'en font
un devoir. Que des passions, en vérité profon-
dément déraisonnablés dans une monarchie,
se taisent un moment, et qu'on daigne obser-
ver des inductions dont l'enchaînement est
visible. Il est de fait qu'à la noblesse appar-
tiennent encore le tiers ou la moitié du sol
dans un royaume essentiellement agricole : or,
c'est le sol qui supporte directement la princi-
pale des contributions françaises; or aussi
c'est pour voter les contributions qu'est princi-
palement fondé le gouvernement représentatif.
Comment donc, si l'humeur ou l'envie ne
dictent pas les lois, si la droite raison les ins-
pire, comment la noblesse est-elle effectivement
exclue de la représentation? Elle y peut atteindre comme *ministérielle*, non comme *propriétaire*; et la noblesse ministérielle est foible
à Paris, nulle en province. On peut voir
quelques uns de ses membres admis à figurer
pour tel homme, pour tel parti ; mais dans

son ensemble, comme corps sur qui repose
l'immense propriété, elle n'est nulle part ; tout
la repousse. Elle n'est point représentée par la
Chambre des Pairs, institution nouvelle, propre
fait du souverain, mais étrangère à la noblesse
qui est par elle - même comme noblesse héréditaire, et par le sol comme grande propriétaire. Elle n'est point représentée par la
Chambre des Députés, vers laquelle il n'y
a plus d'accès pour elle dans l'étouffement où
la tiennent les classes mitoyennes aussi supérieures en nombre qu'inférieures en propriété ;
en sorte que la grande partie du territoire
français n'est représentée par personne : état
de choses si violent, si opposé à l'esprit de nos
lois anciennes et à l'esprit de nos lois nouvelles, si contraire à la nature d'une monarchie
continentale, que sa conséquence inévitable,
plus ou moins prochaine, seroit.... Où nous
mène ce mot terrible?.... Seroit la loi agraire.
Et en attendant ces conséquences rigides des
lois sur les élections et du système qui l'op-
prime, la noblesse monarchique, riche et
foible, active et impuissante, morne et délais-
sée, est là, toujours objet d'envie, hélas ! on
ne sait pourquoi ; chargée d'outrages qu'elle
dédaigne, et d'impôts qu'elle ne vote pas ;
obligée même, dans sa nullité légale, (n'admirez-

vous pas cette chance extravagante?) obligée de refuser l'impôt, sitôt qu'en des mains plus hardies que celles des députés de 1815, le refus constitutionnel d'impôts deviendroit le ressort des projets les plus criminels.

Le peuple et la noblesse ainsi mis à l'écart, le plus grand nombre et le plus grand droit simultanément anéantis, le ministère, toujours préoccupé de sa Chambre de 1815, a pris son point d'appui dans la classe mitoyenne. C'est là qu'il a vu sa force, là qu'il a choisi son refuge. Erreur fatale à lui et à tous! Dès aujourd'hui cette classe, objet d'une prédilection si tendre, brise les foibles liens dont on a prétendu l'enlacer. Faut-il donc pénétrer bien avant dans le cœur humain pour y voir dominer ces deux êtres infernaux, la cupidité et l'orgueil, qui tourmentent la terre! Vous les excitez; vous leur promettez de les assouvir, et vous imaginez qu'ils vous resteront soumis! Nullement. Au sein des conditions moyennes se trouvent d'abord une foule d'hommes éclairés, religieux, propriétaires, assez habiles pour discerner au travers d'illusions mensongères le piége tendu à des passions que leurs faux amis suscitent, portés pour l'ordre et la justice, inquiets et troublés à l'aspect de l'anarchie. Cés hommes paisibles, gens de bien, hommes d'honneur, moins nombreux que les esprits turbulens, s'éloigneront de l'arène. Le champ restera libre à ceux qui sont trompés ou trompeurs, foibles dans la justice ou énergiquement injustes. C'est alors qu'au milieu de cette multitude avide de nouveautés, éperdue dans ses désirs, crédule et inflammable, s'élèveront des hommes forts qui, nouveaux Anthées, fils de la Terre, recevront d'elle une énergie irrésistible. Ils vous demanderont à leur tour compte des richesses qu'ils convoitent et du pouvoir qu'ils ambitionnent; ils se mettront aux prises avec vous. Leurs coupables efforts auroient pu être brisés sous le sceptre de la justice; mais ce sceptre, brisé d'abord par vous-mêmes, où sera votre force? Et la deuxième Gironde vaincue et abattue comme la première, où s'arrêteront les nouveaux triomphateurs?

Voilà où en est aujourd'hui le point de la question. La noblesse et le peuple sont hors de combat : la section honnête et douce des classes moyennes s'en retire. Reste la partie aventureuse qui, fière de son nombre dans un temps où l'on compte les voix au lieu de les peser, ranimée par ses imprudens adversaires, et armée par eux de la révolution même, va être aux prises avec le ministère désarmé de ses moyens naturels, couvert d'une bien frêle armure, mais encore très-puissant par le nom du Roi. Quel sera le résultat ?

L'homme assis sur les rives de l'Océan voit un pesant et riche navire cingler vers le port. Le temps est sombre : la tempête s'amoncèle : un vent impétueux pousse le vaisseau. Le port est tout près. Mais à droite et à gauche sont des rochers terribles, et la moindre déflexion rend le naufrage inévitable. Cet homme, spéculateur curieux des horreurs de la nature, peut contempler avec un intérêt douloureux, mais avec sécurité, le spectacle lointain de ses semblables suspendus entre la vie et la mort, et dire aux vagues qui se brisent à ses pieds : j'en suis désolé ; mais je suis en repos : je n'y peux rien. Ainsi, à la vue des théories funestes qui altèrent parmi nous tous les rapports naturels de la société, ainsi, dis-je, peuvent s'exprimer peut-être un étranger, un insulaire, et encore avec bien moins d'insouciance que ce tranquille observateur ; car les doctrines révolutionnaires battant les rivages, battant les môles les plus imposans, font irruption quand elles semblent n'être qu'en perspective ; et poussées par un vent ou par un autre, elles ont porté leur désolation jusqu'à Moscou, jusqu'au Caire, jusqu'au Chili. Mémorable avertissement ! dure leçon pour l'indifférence ! Mais nous Français,

nous tous, depuis le premier prince du sang jusqu'au dernier propriétaire, nous arrivons sur
ce navire avec nos femmes et nos enfans, notre
vie et nos biens, nos foyers et nos autels, tout
est là : tout va périr, corps et biens, si l'on
heurte contre ces écueils ; et quand l'aquilon de
la démocratie y souffle avec une impétuosité
multipliée par elle-même, quand chacun de
nous le voit et le sent, quand le gouvernail,
au lieu de tendre au port, se prête au gré de la
tempête, alors est-ce le temps de dire : je n'y
peux rien, j'ai une affaire, un divertissement ;
je suis dans telle position ? C'est le moment de
pousser le cri général d'effroi, et d'éveiller, il
en est temps encore, les pilotes abusés.

Ce cri, nous l'avons fait entendre. Comment
le ministère, égaré dans ses fausses routes, y
répondra-t-il ?

Il peut rentrer dans la royauté ; mais, pour
gagner ce port de salut, il faut sortir du système qui nous mène en ligne droite et courte à
une révolution nouvelle. Il faut renoncer à
l'inimaginable pensée de faire de la monarchie
avec des élémens démocratiques ; de la royauté
légitime en proscrivant les royalistes ; de la
religion en jouant aux concordats, et en laissant
périr la nation dans un athéisme pratique ; de
la restauration en réduisant les nobles au sort

des ilotes; de la liberté avec des velléités d'un despotisme d'autant plus effroyable qu'il a osé voiler son front du bandeau de la justice; de l'administration territoriale en cherchant à mobiliser partout les propriétés foncières; de l'ordre et de l'union en semant à pleines mains tous les germes de la confusion et du désordre. Il faut mettre d'accord les hommes et les choses, le but et les moyens; il faut cesser d'aller contre nature.

Si un voile funèbre est sur les yeux du ministère, et dérobe à ses regards la vraie route, il pourra choisir entre ces trois résolutions; c'est-à-dire se briser contre l'un ou l'autre de ces trois écueils.

Il peut se résigner à une Chambre des Députés telle que la session prochaine va l'offrir.

Il peut solliciter du Roi contre elle une ordonnance de dissolution.

Il peut tendre à la perpétuer.

En se résignant à la Chambre nouvelle, il peut à toute force prolonger la lutte une année encore, céder beaucoup du terrain monarchique, se débattre péniblement, se traîner et heurter à droite et à gauche dans une situation fausse, chicaner sa vie, végéter, atteindre la session suivante, où, de concession en concession, acculé déjà à l'extrême limite du ministère et de la monarchie, il tombera d'abord sans coup férir aux pieds de l'effigie de l'usurpation ou de la république.

La dissolution de la Chambre en 1819 anéantiroit probablement le côté droit de l'assemblée ; et là, seroit une satisfaction pour des passions aveugles. Mais alors, la loi des élections agissant de toute son énergie, que redoubleroit le ressentiment sur tous les points du territoire à la fois, tout s'ébranleroit sous ce redoutable levier. On auroit le plaisir de n'avoir pas dix royalistes, mais on auroit deux cents républicains, et le plaisir seroit court et payé cher. Des noms bien autrement fameux que ceux dont l'apparition nous étonne, ressortiroient de l'urne des Destins : l'heure des révolutions sonneroit quelques mois plus tôt, et une vaine douleur et une longue ignominie suivroient la plus rapide retraite, et la retraite même seroit coupée peut-être.

On peut prolonger la durée de la Chambre nouvelle, en proposant de rétablir le renouvellement intégral. L'effet de cette proposition seroit d'ajourner à cinq ans la convocation générale des colléges électoraux. Mais le ministère a déjà rejeté ce renouvellement intégral quand il a été proposé à la Chambre de 1816! Mais la Charte y résiste! Mais les royalistes refu-

seroient leur concours au succès d'une si ché-
tive ressource ! Mais les républicains sentant
leur force , et certains du triomphe aux élections prochaines , combattroient le ministère
par le ministère lui-même ! Le *Moniteur* à la
main , ils lui opposeroient ses propres raisonnemens : ils insulteroient à ses fluctuations con-
tradictoires : ils le battroient de ses propres
passions. Et puis au fond , que gagneroit le ministère à cette tentative de prolonger son rui-
neux système ? Toujours poussé de retraite
en retraite , il verroit ses défenseurs décon-
certés et éclaircis, enfin réduits tous à opter
entre la justice et la force. La justice à droite ,
la force à gauche : le vide au milieu : il s'éva-
nouiroit dans ce vide.

Rentrer dans la royauté, je le répète! les
momens sont chers : mais aujourd'hui encore
vouloir c'est pouvoir. Jusqu'à ce jour, il n'y
a de foi qu'à la royauté, et de puissance po-
sitive qu'en elle. *Force* encore *est à justice :*
et dans une telle crise le parti le plus hono-
rable est encore le plus sûr : seul, il nous fait
renaître à la sécurité; seul il peut unir par
des nœuds facilement indissolubles la Raison
publique qui n'est autre chose que le sens commun, et la Paix après laquelle, effrayée de sa
désorganisation, la France épuisée tend et sou-

pire. Ce n'est pas une vaine et fausse image, que celle où la justice est figurée comme sœur de la paix : leurs embrassemens signaleront seuls le repos du royaume. *Justitia et pax osculatæ sunt.*

Nul doute que cette réconciliation libératrice ne puisse encore s'opérer sous des auspices favorables dans la session qui va s'ouvrir.

Mais *qui veut la fin veut les moyens.* Qu'après s'être refusé à la clarté du jour, l'on reconnoisse à la lueur des torches le terrain miné sur lequel on marche : qu'à des lois et des intentions démocratiques, succèdent les lois, les mœurs, les volontés de la monarchie : qu'au lieu d'essayer de suspendre le trône dans les airs, dégagé de tous les appuis que lui donnoient la nature et l'expérience, on le fortifie de tous les étais qu'elles indiquent contre des factions trop tôt renaissantes : qu'on se fie aux hommes éprouvés plus qu'aux choses nouvelles et trompeuses; qu'un état de choses qui semble celui de la confusion des langues, où les mots n'ont plus de sens et les affections plus de réalité, où chacun se cherche, s'ignore, ne s'entend plus et ne trouve un asile contre une impatience indéfinissable que dans une indifférence affectée ou dans les futilités du jour, cède à la connoissance claire et précise de devoirs déterminés par la justice : qu'ils cessent aussi cet acharnement qui blesse au cœur l'équité, insensé au point d'en être ridicule, cette attention infatigable à poursuivre les royalistes sans relâche comme sans pudeur. Tribunaux, marine, administration, garde nationale et garde royale, gendarmerie et légions, état-major, collèges électoraux, tout s'évanouit devant eux; tout est envahi déjà ou menacé par des hommes qui ne sont point ceux de la monarchie : qu'il cesse donc ce prodigieux paradoxe, qu'il se dissipe à la vue d'effets bizarres et de monstrueux contre-sens qu'on doit voir du moins si l'on n'a pas eu la force de les prévoir, qu'on doit déplorer et réparer si l'on n'a pas eu l'impartialité qui discerne et la prudence qui prévient. Que le présent, heure fugitive il est vrai, mais qui, nous le pensons, n'est pas trop tardive encore, répare le passé, vivifie l'avenir; et que la révolution, vain fantôme pour quiconque voudra franchement et osera ne la point craindre, vaincu déjà une fois par un pouvoir usurpateur, trouve enfin son dernier maître dans le souverain légitime.

Paris, 2 novembre 1818.

Le Mis DE VILLENEUVE.

IMPRIMERIE DE LE NORMANT, RUE DE SEINE.

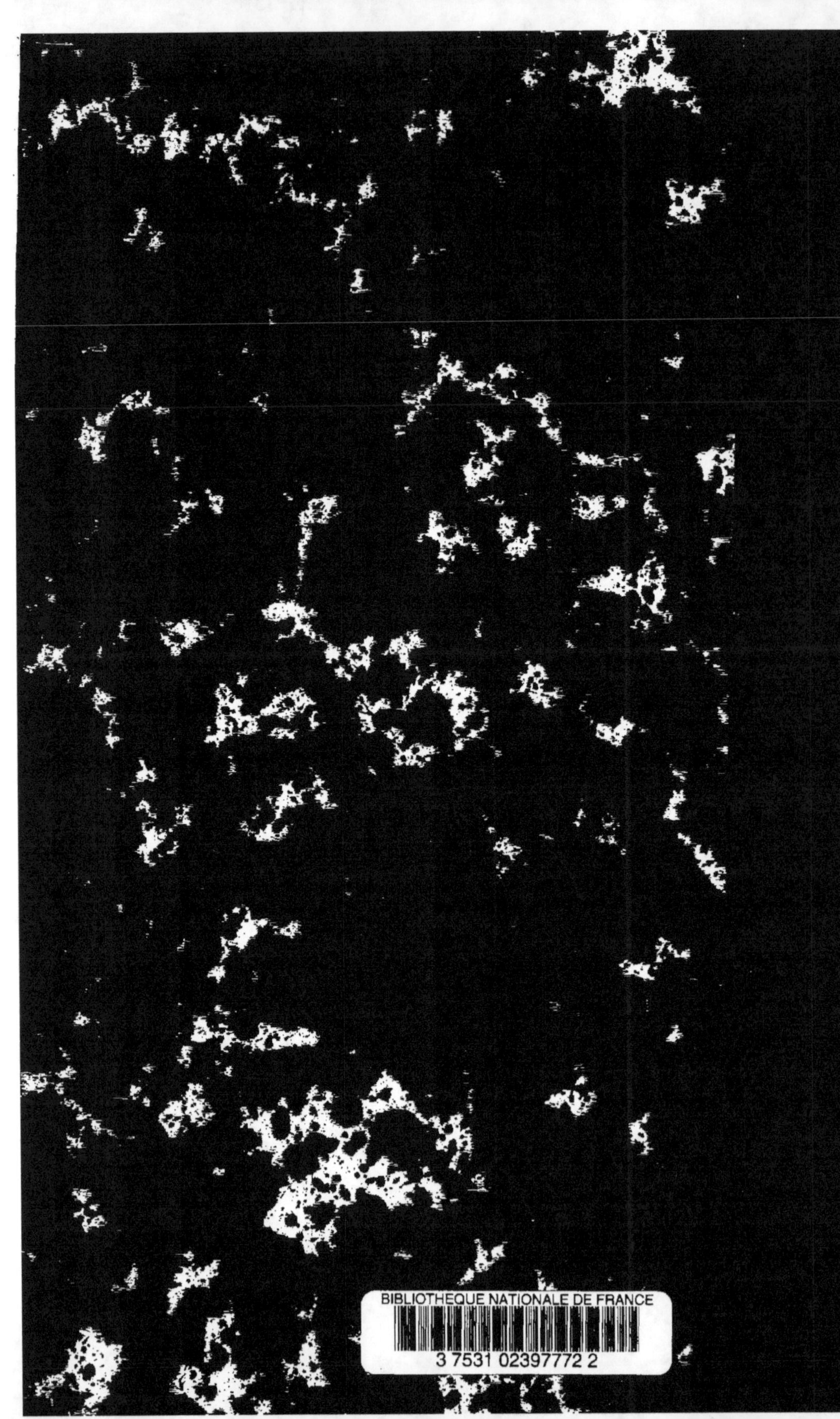
BIBLIOTHEQUE NATIONALE DE FRANCE
3 7531 02397772 2